Coleção

CÉLIA PASSOS

Cursou Pedagogia na Faculdade de Ciências Humanas de Olinda – PE, com licenciaturas em Educação Especial e Orientação Educacional. Professora do Ensino Fundamental e Médio (Magistério) e coordenadora escolar de 1978 a 1990.

ZENEIDE SILVA

Cursou Pedagogia na Universidade Católica de Pernambuco, com licenciatura em Supervisão Escolar. Pós-graduada em Literatura Infantil. Mestra em Formação de Educador pela Universidade Isla, Vila de Nova Gaia, Portugal. Assessora Pedagógica, professora do Ensino Fundamental e supervisora escolar desde 1986.

VOLUME 2 EDUCAÇÃO INFANTIL

4ª edição
São Paulo
2020

NATUREZA E SOCIEDADE

Coleção Eu Gosto M@is
Educação Infantil – Natureza e Sociedade – Volume 2
© IBEP, 2020

Diretor superintendente	Jorge Yunes
Diretora editorial	Célia de Assis
Assessoria pedagógica	Mariana Colossal
Edição e revisão	RAF Editoria e Serviços
Produção editorial	Elza Mizue Hata Fujihara
Assistente de produção gráfica	Marcelo de Paula Ribeiro
Estagiária	Verena Fiesenig
Iconografia	IBEP
Ilustração	Bruna Ishihara, Eunice – Conexão Editorial, Fábio – Imaginário Studio, Gisele B. Libutti, João Anselmo e Izomar
Projeto gráfico e capa	Aline Benitez
Ilustração da capa	Box&dea
Diagramação	Nany Produções Gráficas

4ª edição – São Paulo – 2020
Todos os direitos reservados

Rua Gomes de Carvalho, 1306 – 11º andar – Vila Olímpia
São Paulo-SP – 04547-005 – Brasil – Tel.: (11) 2799-7799
www.ibep-nacional.com.br

CIP-BRASIL. CATALOGAÇÃO NA PUBLICAÇÃO
SINDICATO NACIONAL DOS EDITORES DE LIVROS, RJ

P32e
4. ed.
v. 2

Passos, Célia
  Eu gosto mais : natureza e sociedade : educação infantil, volume 2 / Célia Passos, Zeneide Silva. - 4. ed. - São Paulo : IBEP, 2020.
  : il. (Eu gosto m@is ; 2)

  ISBN 978-65-5696-028-9 (aluno)
  ISBN 978-65-5696-029-6 (professor)

  1. Educação infantil. I. Silva, Zeneide. II. Título. III. Série.

20-64532   CDD: 372.21
                                            CDU: 373.2

Leandra Felix da Cruz Candido - Bibliotecária CRB-7/6135
18/05/2020   25/05/2020

Em respeito ao meio ambiente, as folhas deste livro foram produzidas com fibras obtidas de árvores de florestas plantadas, com origem certificada.

Impressão e Acabamento
Oceano Indústria Gráfica e Editora Ltda
Rua Osasco, 644 - Rod. Anhanguera, Km 33
CEP 07753-040 - Cajamar - SP
CNPJ: 67.795.906/0001-10

MENSAGEM AO ALUNO

QUERIDO ALUNO, QUERIDA ALUNA,

QUE MARAVILHA SABER QUE VAMOS TRABALHAR JUNTOS DURANTE TODO ESTE ANO!

A COLEÇÃO **EU GOSTO M@IS** FOI FEITA PARA CRIANÇAS COMO VOCÊ.

ESCREVEMOS ESTE LIVRO COM MUITO CARINHO E ESPERAMOS QUE VOCÊ DESCUBRA E CONHEÇA AINDA MAIS O AMBIENTE EM QUE VIVE.

CUIDE MUITO BEM DO SEU LIVRO. ELE SERÁ SEU COMPANHEIRO NO DIA A DIA.

UM GRANDE ABRAÇO,

AS AUTORAS

SUMÁRIO

CONTEÚDOS	LIÇÕES
Identidade, a criança	1, 2, 3, 4, 5
Tempo	6, 7, 8, 9
O corpo humano e os sentidos	10, 11, 12, 13, 14, 15, 16, 17, 18
Higiene e saúde	19, 20
Família	21, 22, 23, 24
Moradia	25, 26, 27, 28, 29, 30
Escola	31, 32, 33, 34, 35, 36, 37, 38, 39
Profissões	40, 41, 42
O ambiente	43, 44, 45, 46, 47, 48
Água	49, 50, 51

CONTEÚDOS	LIÇÕES
Plantas	52, 53, 54, 55, 56
Dia ensolarado/nublado/chuvoso/quente/frio	57, 58, 59, 60
Animais	61, 62, 63, 64, 65, 66, 67, 68, 69, 70, 71
Meios de transporte e trânsito	72, 73, 74, 75, 76, 77, 78, 79, 80, 81
Meios de comunicação	82, 83, 84, 85, 86, 87

ALMANAQUE	PÁGINA 97
ADESIVOS	PÁGINA 129

LIÇÃO 1

AS CRIANÇAS BRINCAM NO PARQUE.
PINTE OS MENINOS E FAÇA UM ✘ NAS MENINAS.

Lição 2

QUEM É VOCÊ?
DESENHE-SE DE CORPO INTEIRO.

LIÇÃO 3

TODAS AS PESSOAS TÊM **NOME** E **SOBRENOME**.
O SOBRENOME REPRESENTA A FAMÍLIA A QUE PERTENCEMOS.

ESCREVA SEU NOME E SEU SOBRENOME NO QUADRO. PEÇA A AJUDA DE UM ADULTO.

CONTE PARA A PROFESSORA E OS COLEGAS POR QUE VOCÊ RECEBEU ESSE NOME.

Lição 4

COLE UMA FOTO SUA E CONTE PARA A PROFESSORA E OS COLEGAS COMO VOCÊ É.

LIÇÃO 5

COLE IMAGENS DE CRIANÇAS BEM DIFERENTES FISICAMENTE. DEPOIS, CONVERSE SOBRE ESSAS DIFERENÇAS COM A PROFESSORA E OS COLEGAS.

LIÇÃO 9

O TEMPO PASSA...

COLE UMA FOTO SUA COM 1 ANO DE IDADE E UMA FOTO ATUAL. ESCREVA A SUA IDADE NO SEGUNDO QUADRO.

COM 1 ANO	COM ___ ANOS

LIÇÃO 7

O TEMPO PASSA DURANTE O DIA.

DESENHE O QUE VOCÊ FAZ PELA MANHÃ E À TARDE. DEPOIS, CONTE AOS COLEGAS.

MANHÃ

TARDE

Lição 8

DESENHE O QUE VOCÊ FAZ À NOITE. DEPOIS, CONTE AOS COLEGAS.

NOITE

LIÇÃO 9

QUE DIA DA SEMANA É HOJE? PINTE.

DIAS DA SEMANA						
DOMINGO	SEGUNDA-FEIRA	TERÇA-FEIRA	QUARTA-FEIRA	QUINTA-FEIRA	SEXTA-FEIRA	SÁBADO

DESENHE UMA ATIVIDADE QUE VOCÊ REALIZOU HOJE.

LIÇÃO 10

CIRCULE AS PARTES DO CORPO QUE USAMOS PARA ANDAR.
FAÇA UM **X** NAS PARTES QUE SERVEM PARA PEGAR OS OBJETOS.
FAÇA ▽ NAS PARTES QUE USAMOS PARA FALAR, OUVIR, VER E CHEIRAR.

O CORPO É FORMADO POR MUITAS PARTES.

ZOOM TEAM/SHUTTERSTOCK

LIÇÃO 11

DESENHE AS PARTES DO ROSTO E OS CABELOS NA CABEÇA.

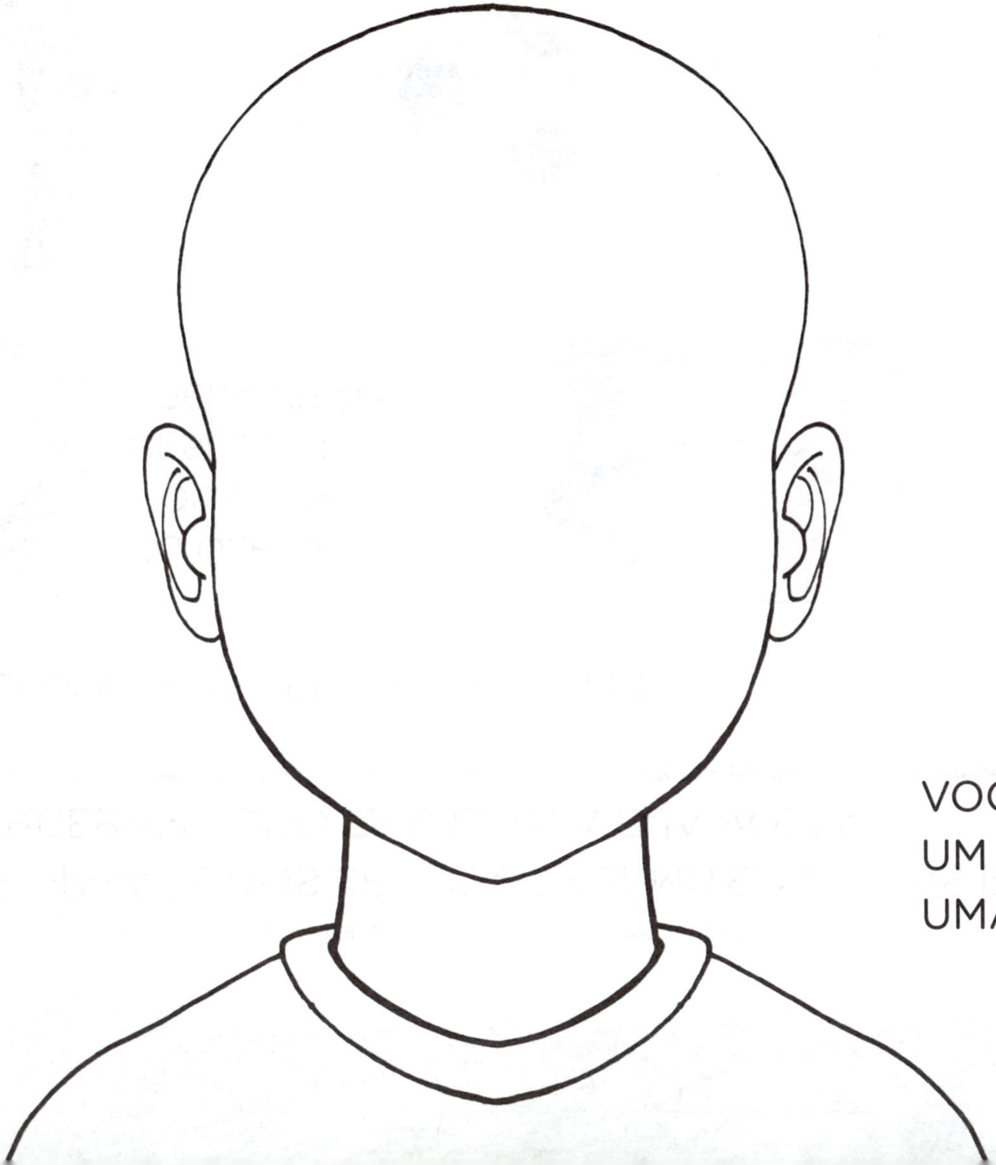

VOCÊ DESENHOU UM MENINO OU UMA MENINA?

Lição 12

OS ÓRGÃOS DOS SENTIDOS PERMITEM QUE AS PESSOAS PERCEBAM TUDO QUE ESTÁ A SUA VOLTA.

ESCUTE O QUE A PROFESSORA VAI LER.

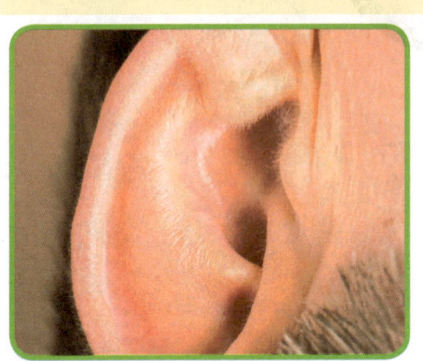
OS OLHOS SÃO OS ÓRGÃOS RESPONSÁVEIS PELA VISÃO.

A LÍNGUA É O ÓRGÃO RESPONSÁVEL PELO PALADAR.

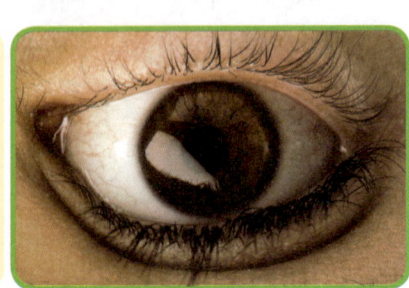
AS ORELHAS SÃO OS ÓRGÃOS RESPONSÁVEIS PELA AUDIÇÃO.

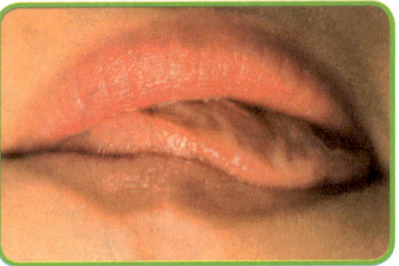
A PELE É O ÓRGÃO RESPONSÁVEL PELO TATO.

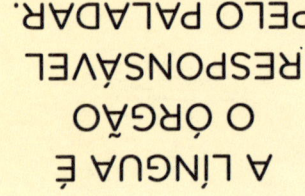
O NARIZ É O ÓRGÃO RESPONSÁVEL PELO OLFATO.

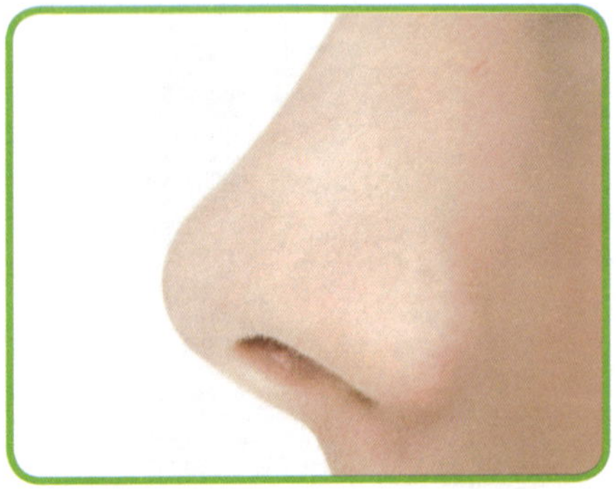

FOTOS: ABLESTOCK

LIÇÃO 13

OS OLHOS SÃO OS ÓRGÃOS RESPONSÁVEIS PELA VISÃO.

RECORTE DE JORNAIS OU REVISTAS UMA IMAGEM DE PESSOA UTILIZANDO O SENTIDO DA VISÃO. COLE NO QUADRO.

AFRICA STUDIO/SHUTTERSTOCK

LIÇÃO 14

COM AS ORELHAS, ESCUTAMOS OS SONS. ELAS SÃO OS ÓRGÃOS RESPONSÁVEIS PELA AUDIÇÃO.

DESENHE ALGO QUE PRODUZ SOM.

PATRICK FOTO/SHUTTERSTOCK

LIÇÃO 15

PELO OLFATO, SENTIMOS O CHEIRO DAS COISAS. O ÓRGÃO RESPONSÁVEL PELO OLFATO É O NARIZ.

RECORTE, DE REVISTAS, IMAGENS DE ELEMENTOS QUE VOCÊ PODE RECONHECER PELO CHEIRO.

Lição 16

A PELE É O ÓRGÃO RESPONSÁVEL PELO TATO. COM O TATO PODEMOS SABER SE OS OBJETOS SÃO QUENTES OU FRIOS, DUROS OU MOLES, MACIOS OU ÁSPEROS, SECOS OU MOLHADOS.

COM A AJUDA DA PROFESSORA, COLE OS ADESIVOS QUE ESTÃO NA PÁGINA 129 NOS LUGARES CERTOS.

| LISO | SECO | MOLHADO |
| FRIO | QUENTE | ÁSPERO |

TINNAPONG/SHUTTERSTOCK

LIÇÃO 17

A LÍNGUA É O ÓRGÃO RESPONSÁVEL PELO PALADAR. COM ELA, VOCÊ PODE SENTIR O SABOR DOS ALIMENTOS.

PESQUISE EM REVISTAS E COLE FIGURAS DE ALIMENTOS NOS LUGARES ADEQUADOS.

MONKEY BUSINESS IMAGES/SHUTTERSTOCK

ALIMENTOS DOCES

ALIMENTOS SALGADOS

LIÇÃO 18

NA BRINCADEIRA CABRA-CEGA, UMA CRIANÇA DE OLHOS VENDADOS TEM DE PEGAR A OUTRA E DESCOBRIR QUEM É USANDO AS MÃOS. MARQUE COM UM **X** O SENTIDO USADO NESSA BRINCADEIRA.

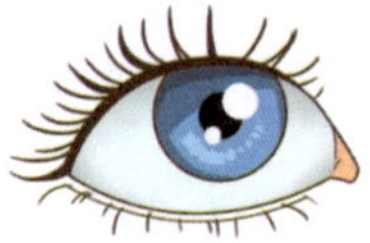

- [ ] VISÃO 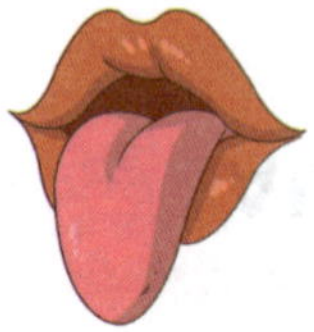
- [ ] PALADAR 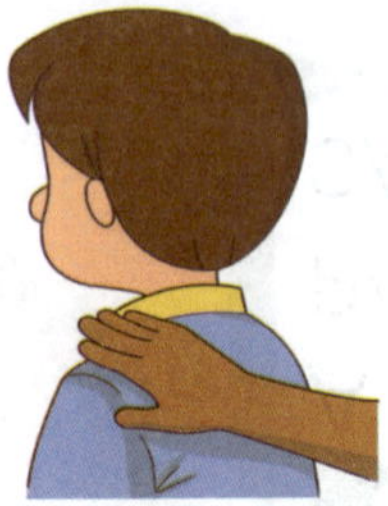
- [ ] TATO

LIÇÃO 19

PARA TER BOA SAÚDE, É NECESSÁRIO SE ALIMENTAR BEM E CUIDAR DO CORPO.

PINTE AS CENAS QUE MOSTRAM CRIANÇAS CUIDANDO DA HIGIENE PESSOAL.

LIÇÃO 20

CIRCULE OS OBJETOS QUE VOCÊ UTILIZA NA SUA HIGIENE PESSOAL.

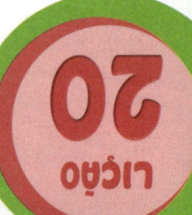

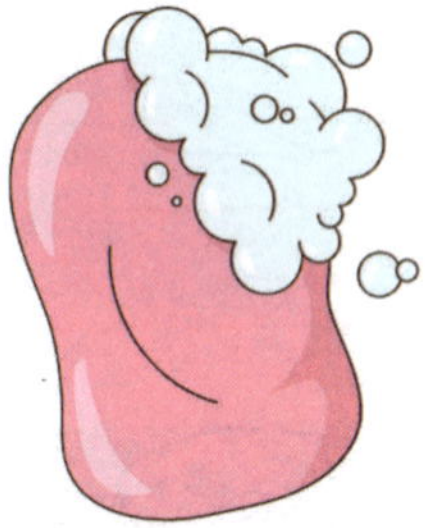
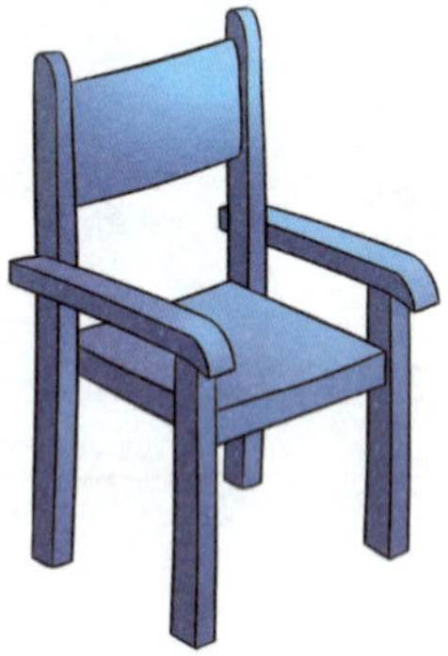
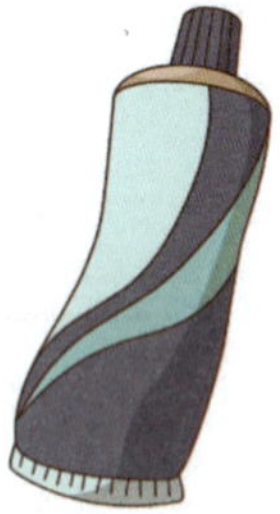
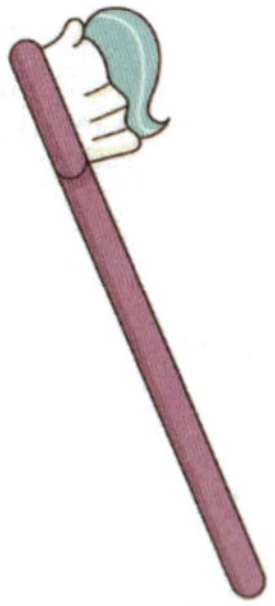
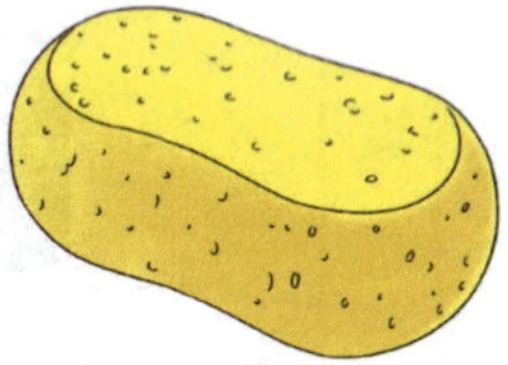
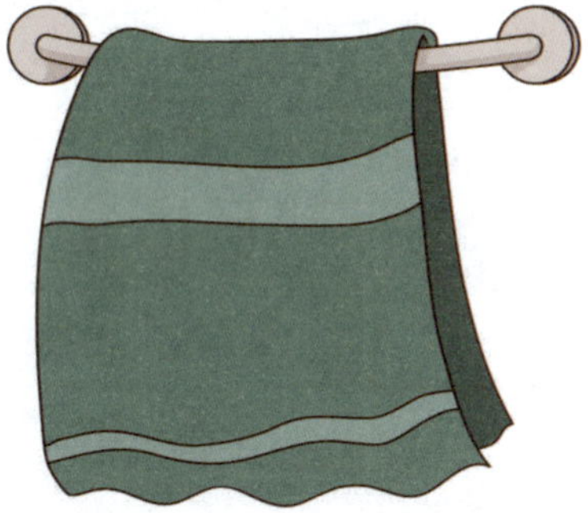
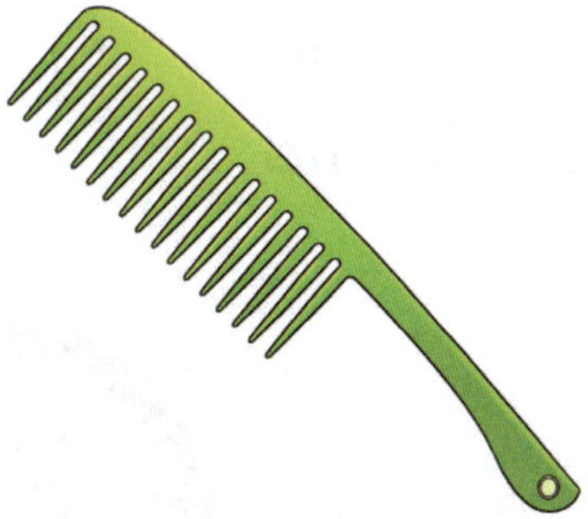
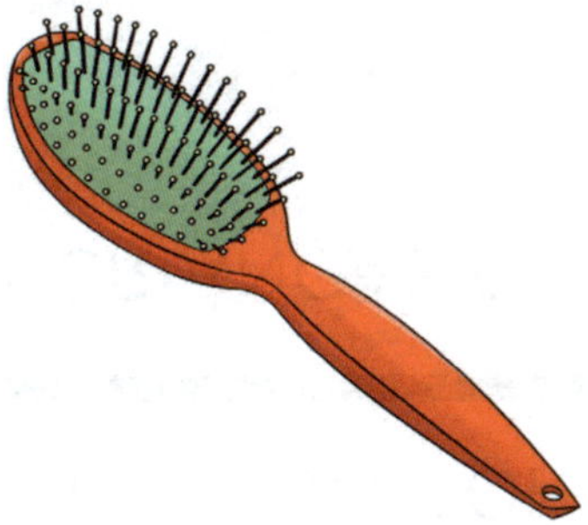
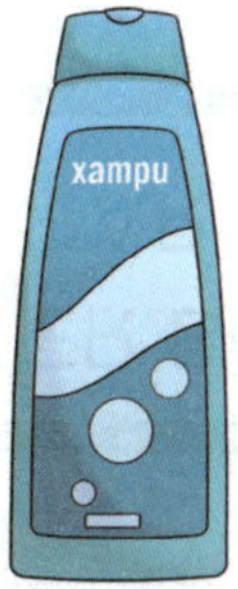

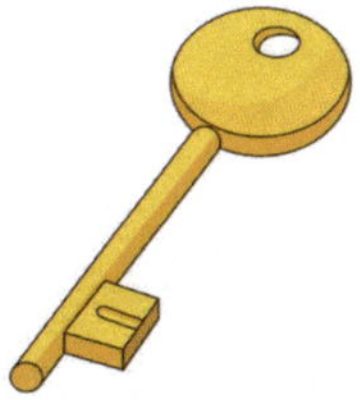

LIÇÃO 21

RECORTE UMA FOTOGRAFIA DE FAMÍLIA E COLE-A NO QUADRO. DEPOIS, VEJA AS FOTOGRAFIAS DOS COLEGAS E CONVERSEM: TODAS AS FAMÍLIAS SÃO IGUAIS?

LIÇÃO 22

A FAMÍLIA É FORMADA POR UM GRUPO DE PESSOAS QUE VIVE NA MESMA MORADIA.

COMO É SUA FAMÍLIA? DESENHE OU COLE FOTOGRAFIAS DE PESSOAS QUE FAZEM PARTE DE SUA FAMÍLIA.

RECORTE UMA FOTOGRAFIA DE FAMÍLIA E COLE-A NO QUADRO. DEPOIS, VEJA AS FOTOGRAFIAS DOS COLEGAS E CONVERSEM COM ELES SOBRE AS FAMÍLIAS DE VOCÊS.

LIÇÃO 23

PINTE AS CENAS QUE MOSTRAM COMO VOCÊ E SUA FAMÍLIA COSTUMAM SE DIVERTIR.

DESENHE, NO ÚLTIMO QUADRO, O QUE VOCÊ MAIS GOSTA DE FAZER COM SUA FAMÍLIA.

lição 24

MARQUE UM **X** NAS ATIVIDADES QUE VOCÊ FAZ EM CASA PARA AJUDAR SUA FAMÍLIA.

LIÇÃO 25

TODAS AS PESSOAS TÊM DIREITO A UMA MORADIA, ISTO É, A UM LUGAR QUE LHES DÊ ABRIGO.

OUÇA A LEITURA DO POEMA QUE A PROFESSORA VAI FAZER. DESENHE UMA CASINHA.

VAMOS RECITAR?

MINHA CASINHA

MINHA CASINHA,
TÃO BONITINHA
TEM JARDIM
E UMA COZINHA
E DENTRO DELA
UM QUARTO E SALA.
SE CONHECÊ-LA
VAI LOGO AMÁ-LA.
UM BANHEIRINHO
E UM QUINTAL,
COM UMA ÁRVORE
E UM POMBAL.

ERDNA PERUGINE NAHUM.

Lição 26

HÁ MORADIAS DE DIFERENTES TIPOS.

OBSERVE ALGUNS EXEMPLOS. COMO É SUA MORADIA? DESENHE-A.

PRÉDIO DE APARTAMENTOS

CASA DE TIJOLO

CASA DE PAU A PIQUE

FOTOS: SHUTTERSTOCK

LIÇÃO 27

DESENHE O LUGAR ONDE VOCÊ MAIS GOSTA DE FICAR EM SUA MORADIA.

VAMOS CANTAR?

FUI MORAR NUMA CASINHA

FUI MORAR NUMA CASINHA-NHA
ENFEITADA-DA
DE CAPIM-PIM-PIM
SAIU DE LÁ-LÁ-LÁ
UMA LAGARTIXA-XA
OLHOU PRA MIM
OLHOU PRA MIM
E FEZ ASSIM:
SMACK! SMACK!

DOMÍNIO PÚBLICO.

LIÇÃO 28

CIRCULE OS PROFISSIONAIS QUE TRABALHAM NA CONSTRUÇÃO DE UMA MORADIA. QUAL É A PROFISSÃO DELES?

ELETRICISTA

PINTOR

PROFESSORA

PEDREIRO

ENCANADOR

LIÇÃO 29

PINTE OS MATERIAIS UTILIZADOS NA CONSTRUÇÃO DE UMA MORADIA.

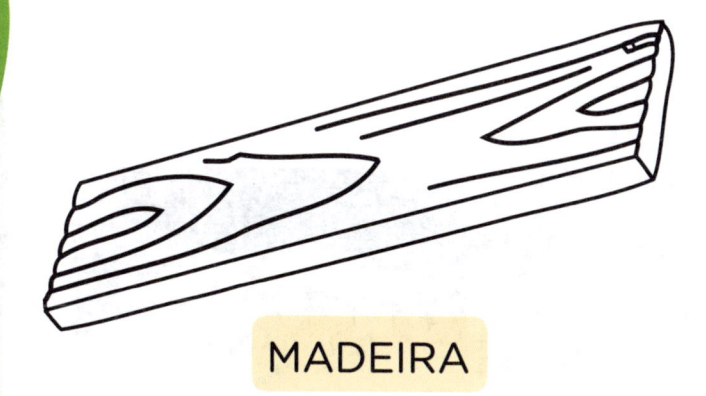

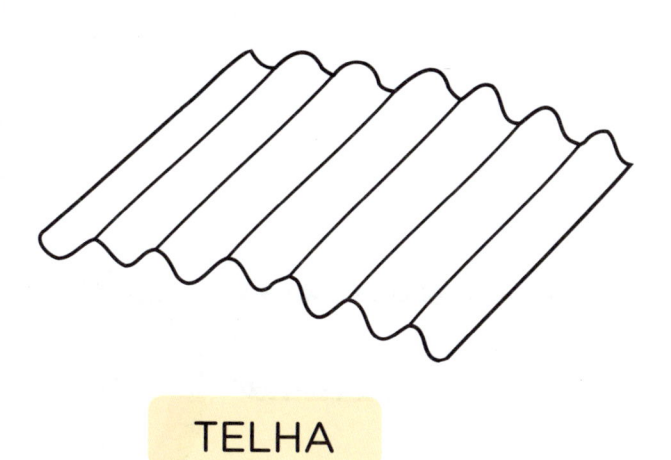

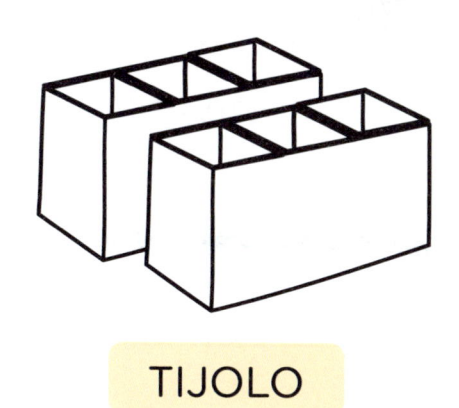

MADEIRA

TIJOLO

AREIA

TELHA

TIJOLO

LIÇÃO 30

AS MORADIAS SÃO DIVIDIDAS EM PARTES CHAMADAS CÔMODOS.

CIRCULE O CÔMODO DA CASA ONDE AS PESSOAS DORMEM.

MARQUE COM UM **X** O CÔMODO ONDE É PREPARADA A COMIDA.

LIÇÃO 31

A ESCOLA É O LUGAR ONDE VOCÊ APRENDE, CONHECE PESSOAS DIFERENTES E FAZ AMIGOS.

DESENHE SUA ESCOLA.

VAMOS CANTAR?

CHEGANDO À ESCOLA
(MELODIA: FUI NO TORORÓ)

ACABAMOS DE CHEGAR,
BOM-DIA, VOU DIZER.
PROFESSORA, EU ESTAVA
COM SAUDADE DE VOCÊ.
ACABAMOS DE CHEGAR,
BOM-DIA, OUTRA VEZ.
COLEGUINHA, COMO EU GOSTO
DE ENCONTRAR-ME COM VOCÊ.

Lição 32

PINTE O CAMINHO QUE AS CRIANÇAS DEVEM FAZER PARA CHEGAR À ESCOLA.

LIÇÃO 33

OBSERVE A CENA, ENCONTRE A ESCOLA E PINTE-A DE AZUL. QUE OUTRAS CONSTRUÇÕES VOCÊ ENCONTRA NA CENA?

LIÇÃO 34

DESENHE O QUE VOCÊ MAIS GOSTA DE FAZER QUANDO ESTÁ NA ESCOLA. CANTE COM A PROFESSORA E OS COLEGAS.

VAMOS CANTAR?

CHEGADA À ESCOLA

(MELODIA: CIRANDA, CIRANDINHA)

BOA-TARDE, MINHA GENTE,
ACABAMOS DE CHEGAR.
QUEM TIVER CORAÇÃO TRISTE
QUE SE APRESSE PARA ALEGRAR.
NÓS ESTAMOS MUITO ALEGRES.
NOSSA VIDA É CANTAR.
JÁ ESTAMOS PREPARADOS,
VAMOS TODOS TRABALHAR.

LIÇÃO 35

OBSERVE AS CENAS. CIRCULE AS BRINCADEIRAS QUE VOCÊ GOSTA DE FAZER COM SEUS AMIGOS.

Lição 36

CIRCULE OS OBJETOS DA SALA DE AULA DE ACORDO COM A LEGENDA.

- 🟩 LIVROS
- 🟧 BRINQUEDOS
- 🟨 POTES COM LÁPIS E PINCÉIS
- 🟦 CADEIRA

POZNYAKOV/SHUTTERSTOCK

IRIN-K/SHUTTERSTOCK

NIKOLAYN/SHUTTERSTOCK

YEAMAKE/SHUTTERSTOCK

LIÇÃO 37

FAÇA UM PASSEIO PELA ESCOLA COM A PROFESSORA E OS COLEGAS. DEPOIS, DESENHE O QUE VOCÊ MAIS GOSTOU DE CONHECER.

VAMOS CANTAR?

FILA
(MELODIA: FUI NO TORORÓ)

EU JÁ SEI ENTRAR NA FILA,
EU JÁ SEI O MEU LUGAR,
OLHO SEMPRE PARA FRENTE,
SEM O OUTRO EMPURRAR,
FAÇA A FILA BEM BONITA,
OLHE BEM, MEU COLEGUINHA,
PRA QUE A FILA FIQUE SEMPRE,
MUITO RETA E CERTINHA.

Lição 38

OBSERVE AS PARTES DA ESCOLA. DEPOIS, PINTE O QUE TAMBÉM HÁ NA SUA ESCOLA.

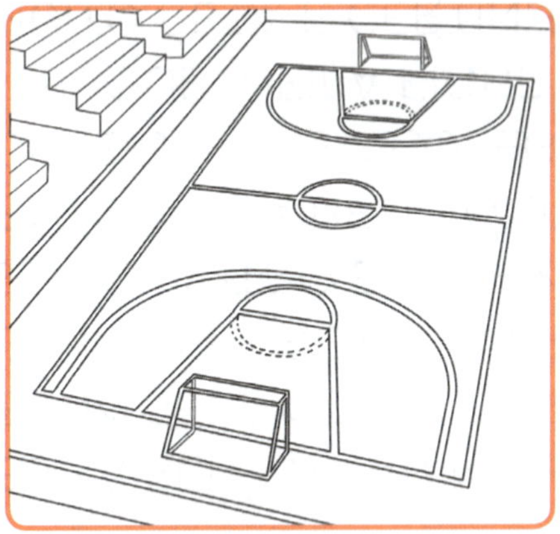

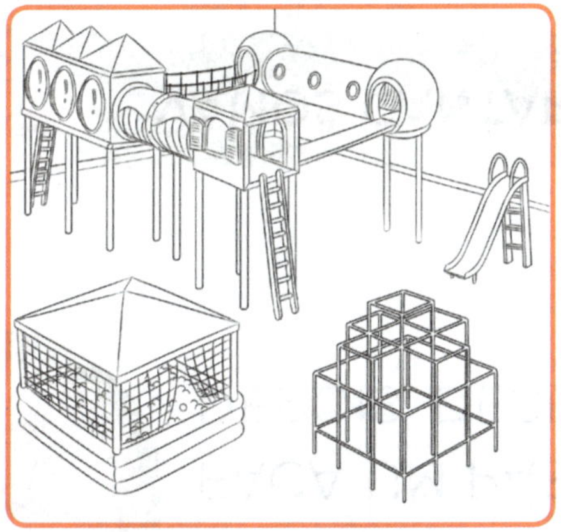

PARQUE

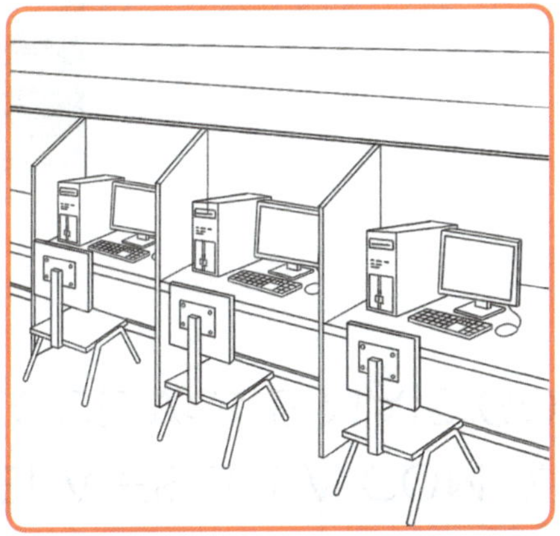

SALA DE INFORMÁTICA

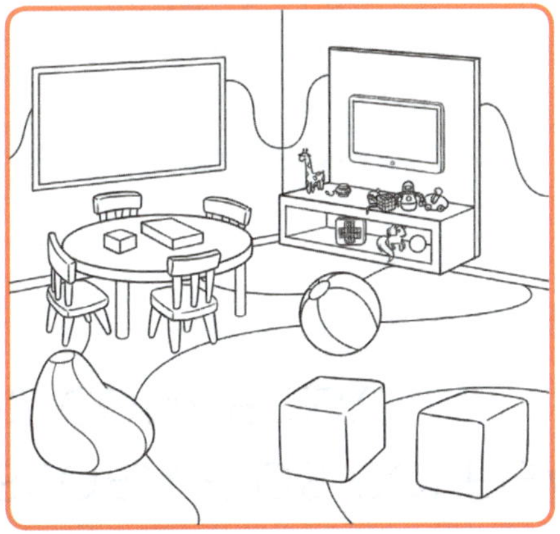

BRINQUEDOTECA

QUADRA POLIESPORTIVA

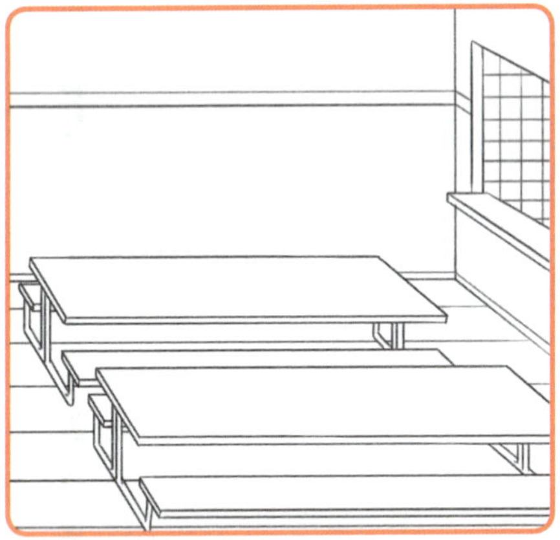

REFEITÓRIO

BIBLIOTECA

LIÇÃO 39

MARQUE COM UM **X** AS FIGURAS QUE REPRESENTAM OS PROFISSIONAIS QUE TRABALHAM EM SUA ESCOLA. VOCÊ SABE O QUE ELES FAZEM? CONVERSE COM A PROFESSORA E OS COLEGAS.

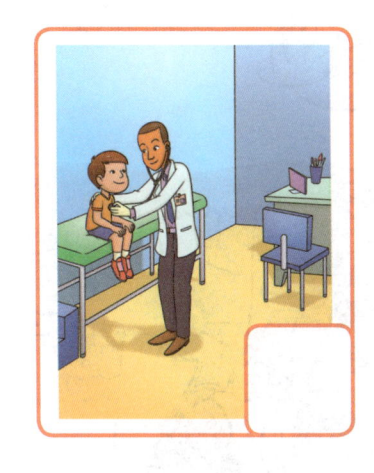

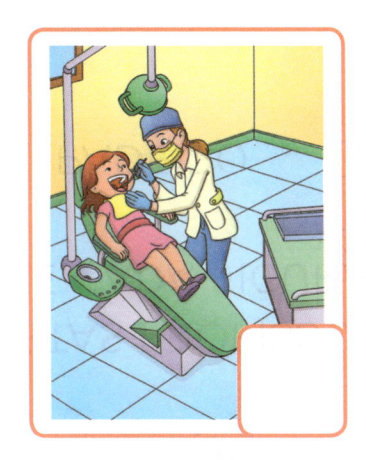

40

VOCÊ CONHECE ESTAS PROFISSÕES? PINTE OS QUADROS QUE ESTÃO AO LADO DE CADA FIGURA, SEGUINDO AS CORES DA LEGENDA.

- 🟥 CARTEIRO
- 🟩 PADEIRO
- 🟨 SAPATEIRO
- 🟦 JARDINEIRO

LIÇÃO 41

LIGUE CADA PROFISSIONAL AO SEU INSTRUMENTO DE TRABALHO. QUAIS SÃO OS NOMES DESSAS PROFISSÕES?

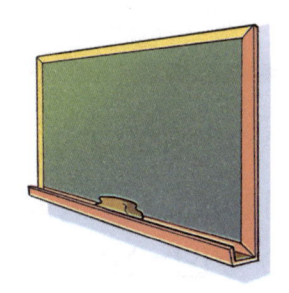

LIÇÃO 42

COLE UMA FOTOGRAFIA QUE REPRESENTE A PROFISSÃO DE UMA PESSOA QUE VOCÊ CONHECE. CONTE PARA A PROFESSORA E OS COLEGAS O NOME DESSA PESSOA E O QUE ELA FAZ.

LIÇÃO 43

TODO AMBIENTE DEVE SER MANTIDO LIMPO.

OBSERVE AS FOTOGRAFIAS. HÁ DIFERENÇAS ENTRE ELAS? POR QUÊ? ASSINALE O AMBIENTE QUE NÃO FOI CUIDADO DE FORMA ADEQUADA.

VICTORIA OMELIANCHYK

DAVID LEINDECKER

OBSERVE AS CRIANÇAS DA CENA. MARQUE COM UM **X** AS CRIANÇAS QUE ESTÃO TOMANDO ATITUDES INADEQUADAS.

LIÇÃO 45

OBSERVE AS CENAS E CIRCULE AS ATITUDES CORRETAS PARA MANTER O AMBIENTE SAUDÁVEL.

LIÇÃO 46

RECICLAR É PRECISO! OS MATERIAIS RECICLÁVEIS SÃO SEPARADOS EM PLÁSTICO, PAPEL, VIDRO E METAL.

COLE OS ADESIVOS DA PÁGINA 130 NAS LIXEIRAS CORRETAS.

NA SUA ESCOLA EXISTEM LIXEIRAS PARA RECOLHER OS OBJETOS RECICLÁVEIS? VOCÊ USA ESSAS LIXEIRAS CORRETAMENTE? CONVERSE COM A PROFESSORA E OS COLEGAS.

LIÇÃO 47

LIGUE OS MATERIAIS ÀS LIXEIRAS ADEQUADAS.

METAL   VIDRO   PAPEL   PLÁSTICO

ATIVIDADE 8

RESTOS DE COMIDA, CASCAS DE FRUTAS, DE LEGUMES, DE OVOS, LIXO DE BANHEIRO, FOLHAS DE ÁRVORE SÃO LIXO ORGÂNICO.

CIRCULE O QUE É O LIXO ORGÂNICO.

LIÇÃO 49

A ÁGUA É MUITO IMPORTANTE PARA OS SERES VIVOS.

PINTE AS FIGURAS DE SERES QUE PRECISAM DE ÁGUA PARA SOBREVIVER.

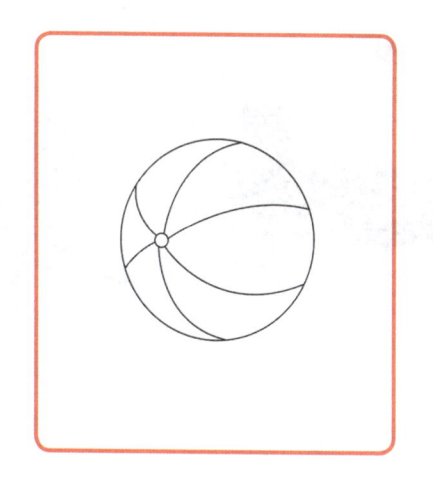

57

lição 50

CIRCULE A CENA QUE MOSTRA A ÁGUA SENDO UTILIZADA DE MANEIRA CONSCIENTE. O QUE HÁ DE ERRADO NAS OUTRAS CENAS?

LIÇÃO 51

BEBER ÁGUA FAZ BEM À SAÚDE!

PINTE AS FIGURAS QUE MOSTRAM A ÁGUA QUE SE PODE BEBER.

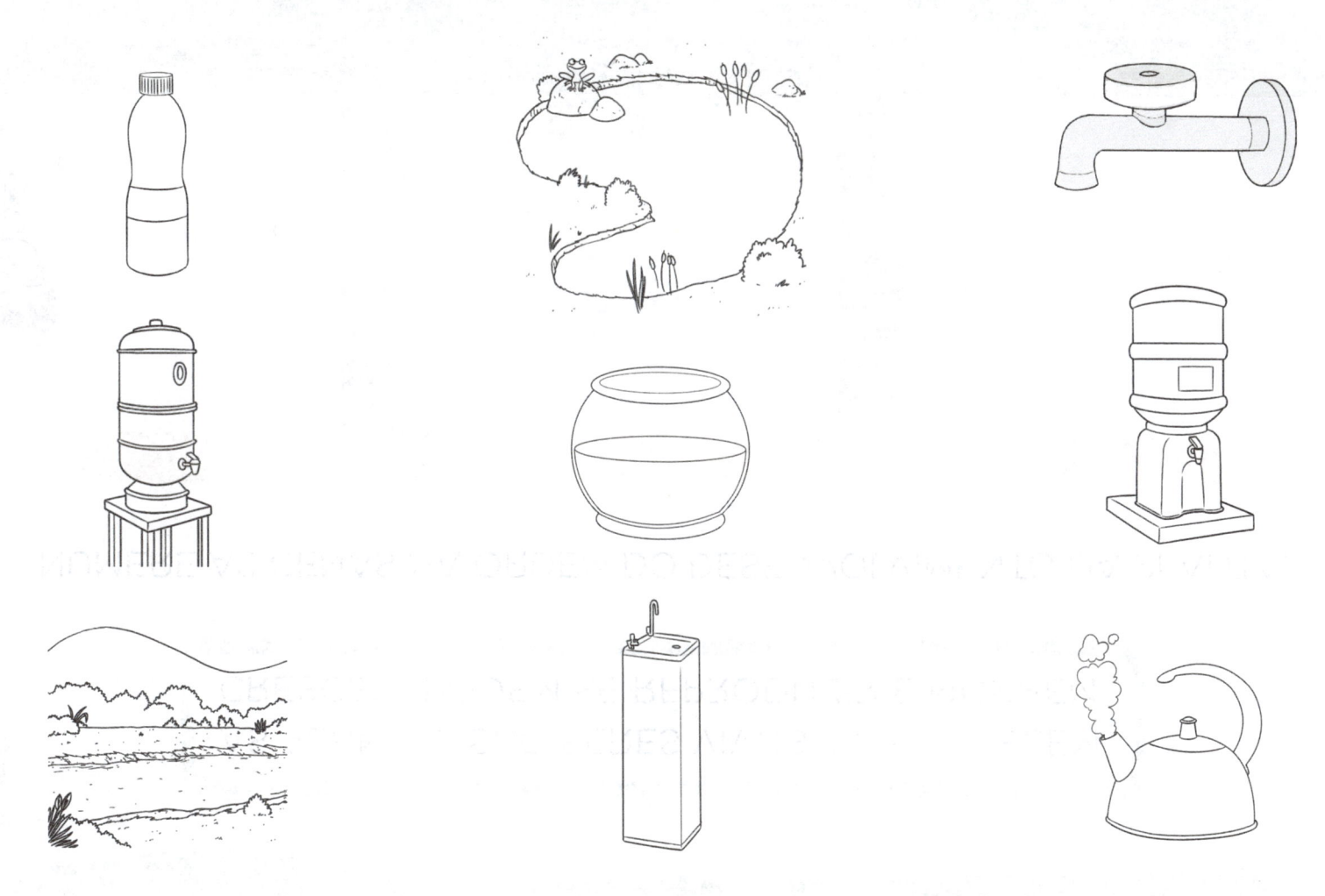

NUMERE AS CENAS NA ORDEM DO DESENVOLVIMENTO DA PLANTA.

AS PLANTAS SÃO SERES VIVOS. ELAS NASCEM, CRESCEM, PODEM SE REPRODUZIR E MORREM.

Lição 52

LIÇÃO 53

É PRECISO CUIDAR DAS PLANTAS, POIS ELAS PURIFICAM O AR E NOS DÃO ALIMENTO E SOMBRA.

RECORTE DE REVISTAS E COLE IMAGENS QUE MOSTREM PLANTAS BEM CUIDADAS.

CIRCULE AS FRUTAS DE AMARELO E AS FLORES DE VERMELHO.

LIÇÃO 55

COMER FRUTAS É MUITO BOM PARA A SAÚDE. DEVEMOS SEMPRE LAVAR AS FRUTAS ANTES DE COMÊ-LAS.

OUÇA A LEITURA QUE A PROFESSORA VAI FAZER DA RECEITA. DEPOIS, DESENHE AS FRUTAS DE QUE VOCÊ MAIS GOSTA.

SALADA DE FRUTAS

INGREDIENTES
BANANAS
MORANGOS
MAÇÃS
MAMÃOS
SUCO DE LARANJA

MODO DE FAZER:
1. LAVAR BEM AS FRUTAS.
2. DESCASCÁ-LAS.
3. PICÁ-LAS EM PEDAÇOS PEQUENOS.
4. COBRIR AS FRUTAS JÁ PICADAS COM SUCO DE LARANJA.

LIÇÃO 56

PARA QUE AS PLANTAS CRESÇAM, ELAS PRECISAM DE ALGUNS ELEMENTOS DA NATUREZA.

CIRCULE DO QUE AS PLANTAS PRECISAM PARA SOBREVIVER.

EVANGELOS/SHUTTERSTOCK

DOMNITSKY/SHUTTERSTOCK

ILYA AKINSHIN/SHUTTERSTOCK

SVITLANA-UA/SHUTTERSTOCK

LIÇÃO 57

UM DIA COM SOL É MAIS CLARO, COM POUCAS NUVENS E QUENTE. UM DIA SEM SOL NÃO É TÃO CLARO, TEM MUITAS NUVENS E É MAIS FRIO.

DESENHE O QUE SE PEDE EM CADA QUADRO.

DIA ENSOLARADO

DIA NUBLADO

A CHUVA ACONTECE QUANDO AS NUVENS ESTÃO CARREGADAS DE GOTAS DE ÁGUA.

CUBRA O TRACEJADO DAS GOTAS DE ÁGUA DA CHUVA.

lição 58

LIÇÃO 59

QUE ROUPAS E ACESSÓRIOS USAMOS QUANDO O DIA ESTÁ FRIO? E QUANDO O DIA ESTÁ QUENTE? RETIRE OS ADESIVOS DA PÁGINA 130 E COLE-OS NOS LUGARES CORRESPONDENTES.

DIA QUENTE

DIA FRIO

09
LIÇÃO

ORGANIZE UM CALENDÁRIO PARA MOSTRAR COMO ESTÁ O DIA DURANTE UMA SEMANA. USE OS ADESIVOS DA PÁGINA 131.

- ☀️ DIA ENSOLARADO
- ☁️ DIA NUBLADO
- 🌧️ DIA CHUVOSO

DOMINGO	SEGUNDA-FEIRA	TERÇA-FEIRA

QUARTA-FEIRA	QUINTA-FEIRA	SEXTA-FEIRA	SÁBADO

89

LIÇÃO 61

CANTE A MÚSICA COM OS COLEGAS, IMITANDO OS ANIMAIS. DEPOIS, DESENHE O ANIMAL DE QUE VOCÊ MAIS GOSTA.

VAMOS CANTAR?

BICHOS

VAMOS PULAR COMO UM MACACO
(ELE ADORA PULAR)
IMITANDO O ELEFANTE, UM ELEFANTE
COM A TROMBA PRA LÁ
E A TROMBA PRA CÁ...
O TIGRE, O LEÃO,
ABRINDO O BOCÃO.
UM CANGURU SAINDO DO CHÃO.
AGORA UM GOLFINHO NADANDO NO MAR
E UM PEIXINHO FAZENDO BIQUINHO...
SÃO TANTOS BICHOS
DENTRO DE MIM.
SÃO LINDOS BICHOS, ISSO SIM.
VAMOS SOLTAR E LIBERAR
OS BICHOS QUE A GENTE QUER IMITAR...

HARRIOT E EINSPRUCH. VERSÃO: VANESSA ALVES.
XUXA SÓ PARA BAIXINHOS. SOM LIVRE, 2004 (CD).

LIÇÃO 62

O SER HUMANO É CHAMADO DE MAMÍFERO. ISSO QUER DIZER QUE O BEBÊ SE FORMA DENTRO DA BARRIGA DA MÃE. DEPOIS QUE NASCE, ELE MAMA DURANTE ALGUM TEMPO.

OBSERVE OS ANIMAIS ABAIXO. TODOS SÃO MAMÍFEROS.
LIGUE CADA FILHOTE À SUA MÃE.

LIÇÃO 63

MUITOS ANIMAIS, COMO A GALINHA, A TARTARUGA, O PASSARINHO E O PEIXE, NASCEM DE OVOS POSTOS POR SUAS MÃES.

CIRCULE OS ANIMAIS QUE NASCEM DE OVOS.

64

OS ANIMAIS SE LOCOMOVEM DE MUITAS MANEIRAS.

COLE AS FIGURAS DE ANIMAIS QUE ANDAM. DEPOIS, COLE AS FIGURAS DE ANIMAIS QUE NADAM. USE OS ADESIVOS DA PÁGINA 132.

ANIMAIS QUE ANDAM OU SALTAM

ANIMAIS QUE NADAM

LIÇÃO 65

COLE AS FIGURAS DE ANIMAIS QUE VOAM. DEPOIS, COLE AS FIGURAS DE ANIMAIS QUE RASTEJAM. USE OS ADESIVOS DA PÁGINA 132.

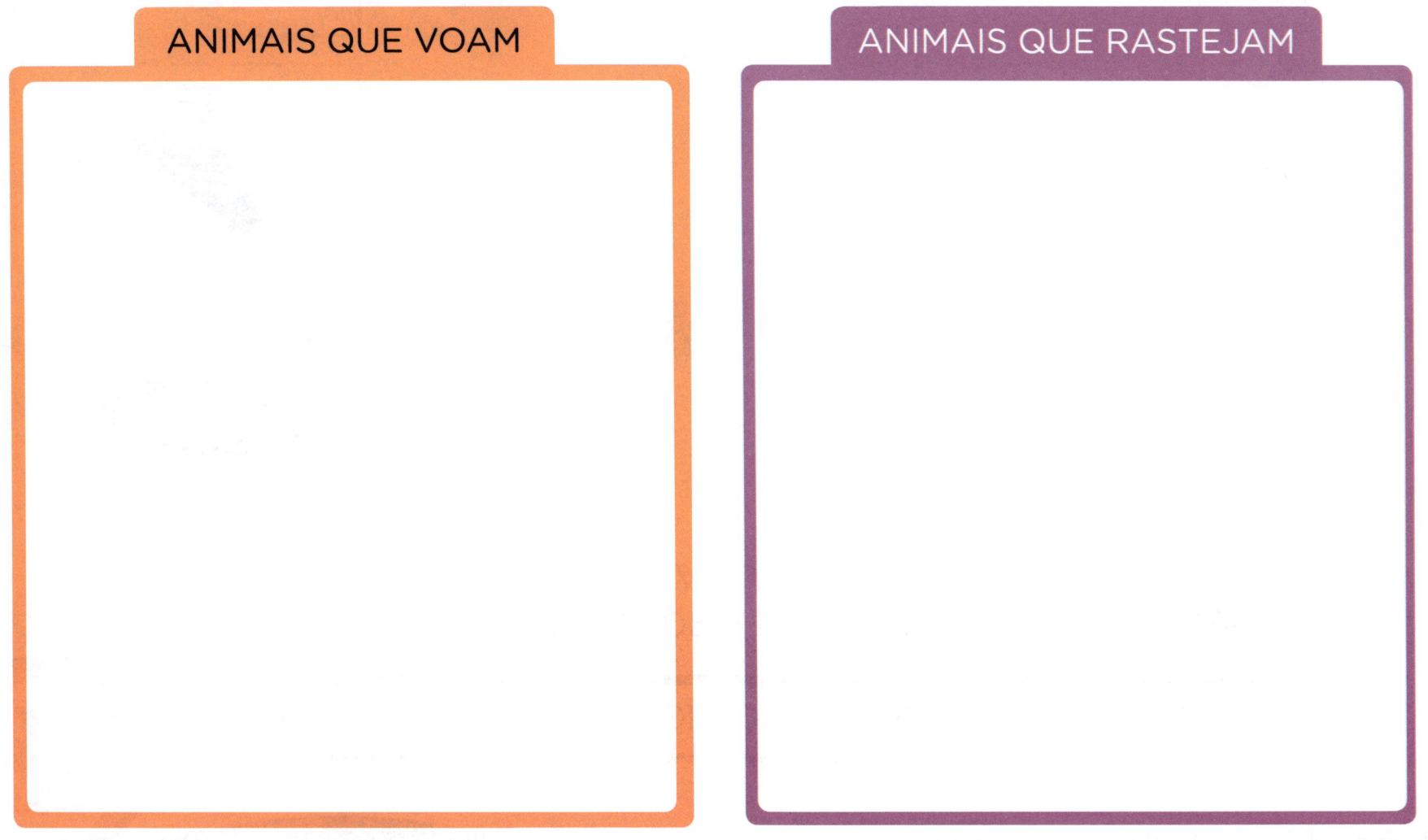

ANIMAIS QUE VOAM

ANIMAIS QUE RASTEJAM

A COBERTURA DO CORPO DOS ANIMAIS É DIFERENTE.

COM A AJUDA DA PROFESSORA, DESCUBRA COMO É A COBERTURA DO CORPO DOS ANIMAIS ABAIXO.

PENAS

ESCAMAS

PELOS

LIÇÃO 67

OS ANIMAIS DOMESTICADOS SÃO AQUELES CRIADOS PELAS PESSOAS.

COLE AS FIGURAS DOS ANIMAIS DOMESTICADOS ABAIXO. USE OS ADESIVOS DA PÁGINA 133.

PINTE OS ANIMAIS SILVESTRES.

OS ANIMAIS SILVESTRES SÃO AQUELES QUE VIVEM LIVRES NA NATUREZA.

LIÇÃO 69

EXISTEM ANIMAIS QUE PODEM SER CRIADOS DENTRO DAS MORADIAS, RECEBENDO O CARINHO E OS CUIDADOS DOS SERES HUMANOS. SÃO OS ANIMAIS DE ESTIMAÇÃO.

COLE UMA FOTOGRAFIA DO SEU ANIMAL DE ESTIMAÇÃO. SE NÃO TIVER UM, DESENHE OU RECORTE DE REVISTAS UM ANIMAL QUE VOCÊ GOSTARIA DE TER.

LIÇÃO 10

MUITOS ANIMAIS SÃO CRIADOS PARA A PRODUÇÃO DE ALIMENTOS.

PINTE OS ESPAÇOS QUE TÊM PONTOS E DESCUBRA UM ANIMAL DO QUAL RETIRAMOS CARNE E LEITE.

LIÇÃO 71

ESCOLHA UM ANIMAL E REALIZE UMA PESQUISA COM A ORIENTAÇÃO DA PROFESSORA.
RESPONDA ÀS QUESTÕES A SEGUIR COM DESENHOS.

QUE ANIMAL VOCÊ ESCOLHEU?	ONDE ELE VIVE?

O QUE ELE COME?	COMO ELE SE LOCOMOVE?

lição 12

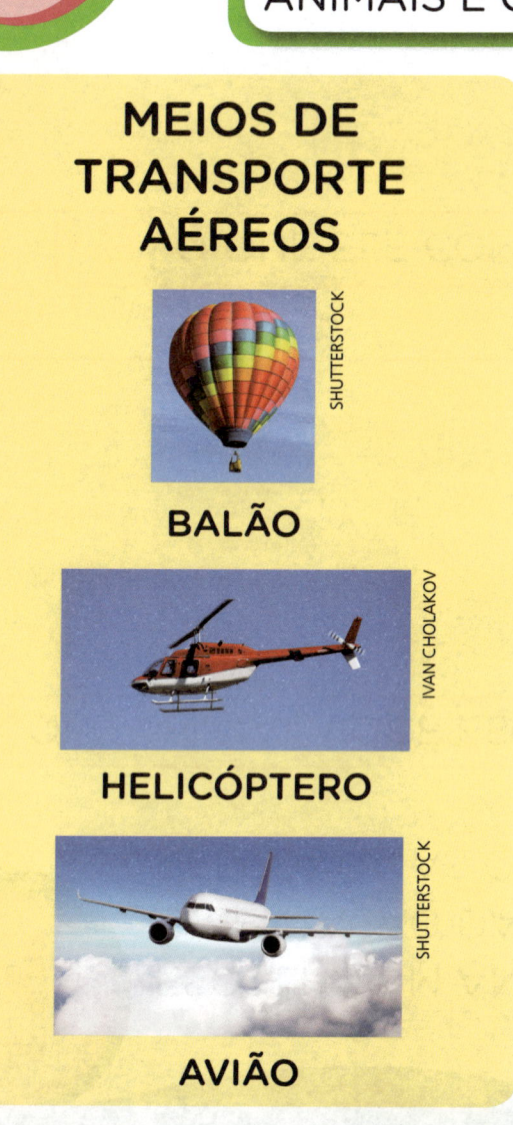

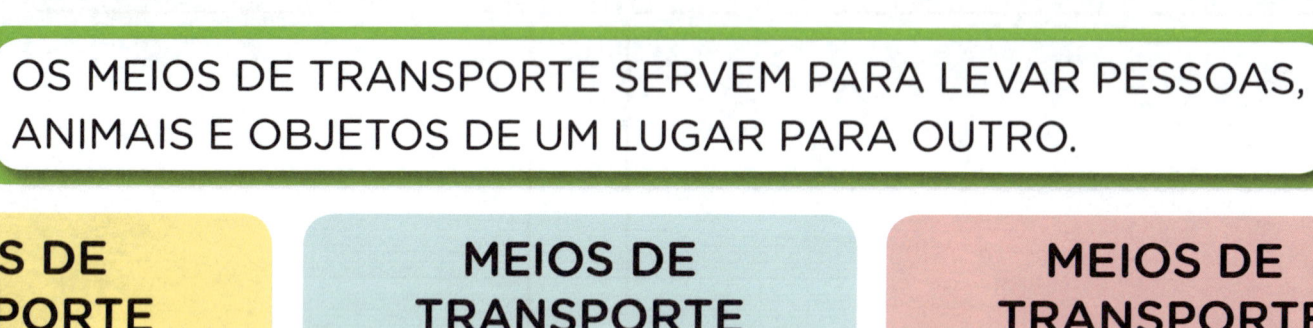

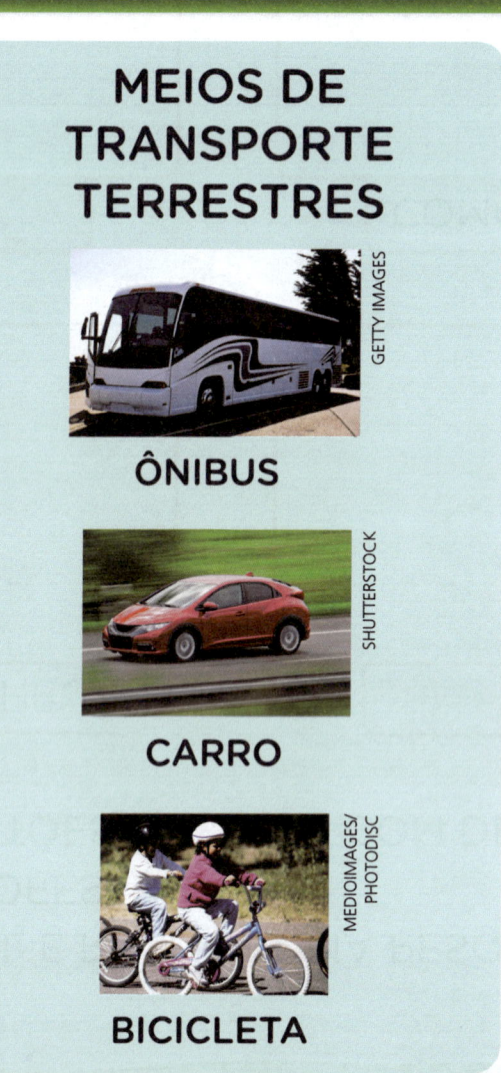

OS MEIOS DE TRANSPORTE SERVEM PARA LEVAR PESSOAS, ANIMAIS E OBJETOS DE UM LUGAR PARA OUTRO.

MEIOS DE TRANSPORTE AQUAVIÁRIOS

NAVIO
SHUTTERSTOCK

BARCO
LUIS CARLOS TORRES

CANOA
RICK HOFFART

MEIOS DE TRANSPORTE TERRESTRES

BICICLETA
MEDIOIMAGES/PHOTODISC

CARRO
SHUTTERSTOCK

ÔNIBUS
GETTY IMAGES

MEIOS DE TRANSPORTE AÉREOS

AVIÃO
SHUTTERSTOCK

HELICÓPTERO
IVAN CHOLAKOV

BALÃO
SHUTTERSTOCK

LIÇÃO 73

PINTE OS MEIOS DE TRANSPORTE SEGUINDO A LEGENDA.

☐ TERRESTRES ☐ AQUAVIÁRIOS ☐ AÉREOS

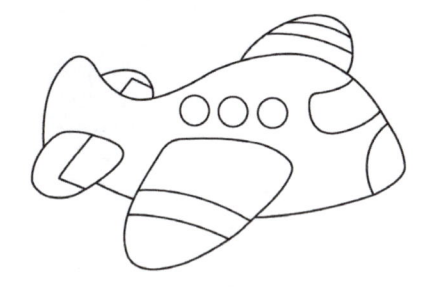

VAMOS CANTAR?

AUTOMÓVEL

(MELODIA: FRÈRE JACQUES)

AUTOMÓVEL, AUTOMÓVEL,
COMO É BOM, COMO É BOM
CORRER PELAS RUAS
CORRER PELAS RUAS
FON, FON, FON,
FON, FON, FON.

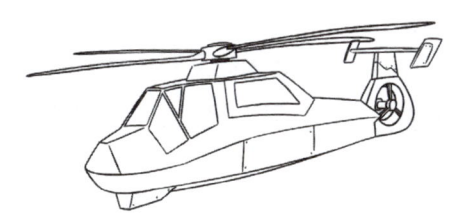

LIÇÃO 34

PINTE OS MEIOS DE TRANSPORTE SEGUINDO A LEGENDA.

☐ TERRESTRES ☐ AQUAVIÁRIOS ☐ AÉREOS

COLE AS FIGURAS DOS MEIOS DE TRANSPORTE NOS LUGARES ADEQUADOS. USE OS ADESIVOS DA PÁGINA 133.

TERRESTRES

AQUAVIÁRIOS

AÉREOS

FOTOS: SHUTTERSTOCK

LIÇÃO 75

O MOVIMENTO DAS PESSOAS E DOS VEÍCULOS PELAS RUAS, AVENIDAS E ESTRADAS É CHAMADO DE TRÂNSITO. OS SINAIS DE TRÂNSITO SERVEM PARA ORIENTAR OS VEÍCULOS E OS PEDESTRES.

PINTE O SEMÁFORO PARA VEÍCULOS DE ACORDO COM A LEGENDA.

VAMOS CANTAR?

O SEMÁFORO
(MELODIA: MARCHA CRIANÇA)

MOTORISTA CAUTELOSO
TEM DE TER MUITO CUIDADO:
VERMELHO É PERIGOSO,
AMARELO É ATENÇÃO.

O VERDE QUER DIZER
QUE VOCÊ PODE PASSAR.
QUEM DIRIGE UM CARRO
TEM QUE TER MUITA ATENÇÃO.

(GERUSA RODRIGUES PINTO)

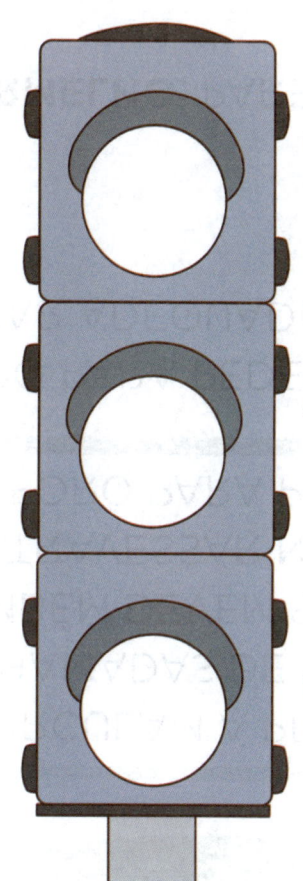

VERMELHO – OS VEÍCULOS DEVEM PARAR.

AMARELO – OS VEÍCULOS DEVEM AGUARDAR. ATENÇÃO, ESPERAR!

VERDE – OS VEÍCULOS PODEM PASSAR.

LIÇÃO 16

AS PESSOAS QUE CIRCULAM A PÉ PELAS CALÇADAS, RUAS E AVENIDAS SÃO CHAMADAS DE PEDESTRES.
OS PEDESTRES TAMBÉM DEVEM SEGUIR REGRAS NO TRÂNSITO, COMO ATRAVESSAR NA FAIXA DE SEGURANÇA E RESPEITAR O SEMÁFORO PARA PEDESTRES.

COMPLETE O SEMÁFORO PARA PEDESTRES COLANDO OS ADESIVOS DA PÁGINA 133 NO LUGAR ADEQUADO.

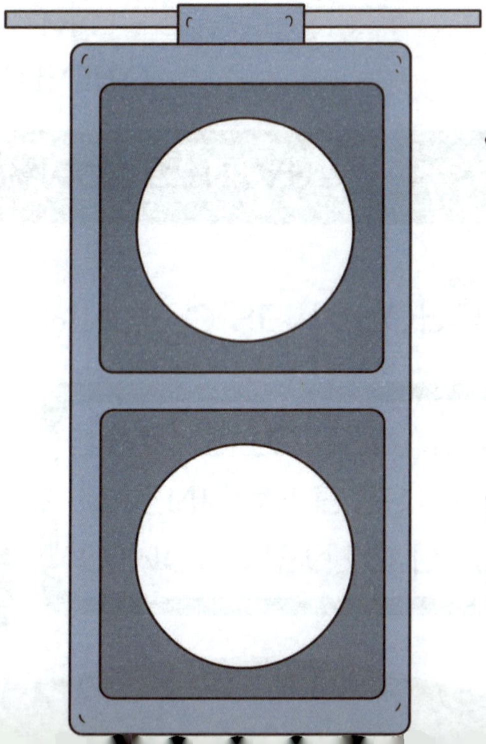

VERMELHO: PAREI – AS PESSOAS DEVEM PARAR.

VERDE: PODE PASSAR! – AS PESSOAS PODEM ATRAVESSAR.

LIÇÃO 77

NAS RUAS, AVENIDAS E ESTRADAS, HÁ PLACAS DE TRÂNSITO. MARQUE COM UM ✗ AS PLACAS QUE VOCÊ JÁ VIU.

PARADA OBRIGATÓRIA	PROIBIDO ACIONAR BUZINA OU SINAL SONORO	ÁREA ESCOLAR	VELOCIDADE MÁXIMA PERMITIDA
SEMÁFORO À FRENTE	PROIBIDO ESTACIONAR	PROIBIDO VIRAR À DIREITA	SIGA EM FRENTE

CONVERSE COM A PROFESSORA E OS COLEGAS SOBRE OS PERIGOS NO TRÂNSITO.

PINTE AS CENAS QUE MOSTRAM OS CUIDADOS QUE AS PESSOAS PRECISAM TER AO CIRCULAR PELAS RUAS.

Lição 18

LIÇÃO 79

OBSERVE AS CENAS. DEPOIS, MARQUE COM UM **X** OS QUADROS QUE MOSTRAM ATITUDES CORRETAS PARA SUA SEGURANÇA. CONVERSE COM OS COLEGAS SOBRE O QUE ESTÁ ERRADO NAS OUTRAS CENAS.

Lição 08

CIRCULE OS MEIOS DE TRANSPORTE TERRESTRES QUE VOCÊ COSTUMA USAR PARA IR À ESCOLA OU DESENHE OUTRO.

LIÇÃO 81

PARA QUE SERVEM ESTES MEIOS DE TRANSPORTE?
CIRCULE OS MEIOS DE TRANSPORTE QUE VOCÊ CONHECE.

LIÇÃO 82

AS IMAGENS MOSTRAM SITUAÇÕES DE COMUNICAÇÃO, ISTO É, A PESSOA ESTÁ RECEBENDO OU TRANSMITINDO ALGUMA MENSAGEM.

CONVERSE COM A PROFESSORA E OS COLEGAS SOBRE OS MEIOS DE COMUNICAÇÃO QUE VOCÊ UTILIZA PARA CONVERSAR COM PESSOAS DA SUA FAMÍLIA QUE ESTÃO DISTANTES.

FOTOS: SHUTTERSTOCK

LIÇÃO 83

CIRCULE O MEIO DE COMUNICAÇÃO QUE VOCÊ MAIS UTILIZA.

TELEVISÃO

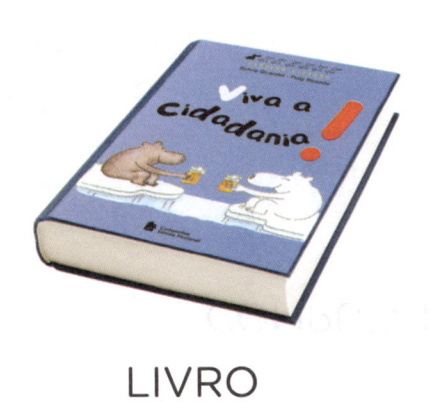

LIVRO

JORNAL

RÁDIO

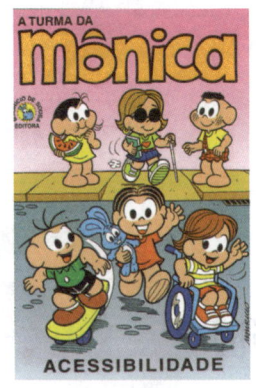

REVISTA

CELULAR

CARTA

CINEMA

LIÇÃO 48

PINTE OS MEIOS DE COMUNICAÇÃO QUE VOCÊ USA NA ESCOLA.

JORNAL

LIVRO

RÁDIO

CELULAR

COMPUTADOR

TELEVISÃO

LIÇÃO 85

PESQUISE E COLE FIGURAS QUE REPRESENTAM:

MEIOS DE COMUNICAÇÃO QUE USAM A LINGUAGEM FALADA

MEIOS DE COMUNICAÇÃO QUE USAM A LINGUAGEM ESCRITA

98
lição

MARQUE COM UM X AS FIGURAS DAS CRIANÇAS QUE ESTÃO UTILIZANDO MEIOS DE COMUNICAÇÃO.

LIÇÃO 87

PESQUISE EM REVISTAS E RECORTE FIGURAS DE DIFERENTES MEIOS DE COMUNICAÇÃO. COLE NO QUADRO.

88

O ANO ESCOLAR ESTÁ CHEGANDO AO FIM. VOCÊ FEZ MUITAS DESCOBERTAS. DESENHE O QUE VOCÊ MAIS GOSTOU DE APRENDER.

ALMANAQUE

ORIGAMI – CASA

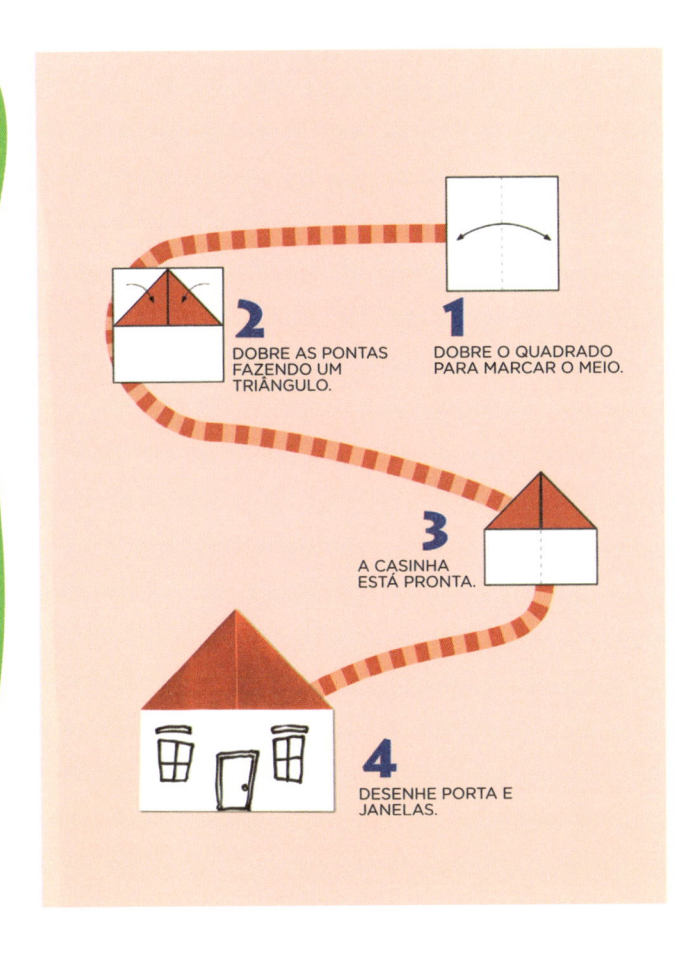

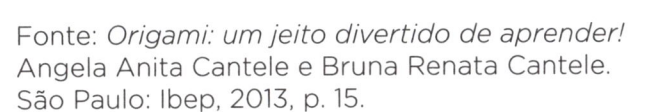

2 DOBRE AS PONTAS FAZENDO UM TRIÂNGULO.

1 DOBRE O QUADRADO PARA MARCAR O MEIO.

3 A CASINHA ESTÁ PRONTA.

4 DESENHE PORTA E JANELAS.

Fonte: *Origami: um jeito divertido de aprender!* Angela Anita Cantele e Bruna Renata Cantele. São Paulo: Ibep, 2013, p. 15.

ALMANAQUE

Parte integrante da coleção **Eu gosto m@is** – Educação Infantil – Natureza e Sociedade – volume 2 – IBEP.

DATAS COMEMORATIVAS

- ANIVERSÁRIO
- CARNAVAL
- PÁSCOA
- DIA NACIONAL DO LIVRO INFANTIL
- DIA DO ÍNDIO
- DIA DAS MÃES
- FESTAS JUNINAS
- DIA DOS PAIS
- DIA DA CRIANÇA
- DIA DO PROFESSOR
- DIA DA BANDEIRA
- FESTAS DE FIM DE ANO

OBSERVE ALGUMAS FIGURAS DE CRIANÇAS CARACTERIZADAS. DESENHE A FANTASIA QUE VOCÊ GOSTARIA DE USAR.

ANIVERSÁRIO

ALMANAQUE

HOJE É SEU ANIVERSÁRIO!
VAMOS FESTEJAR!

DIA ☐ DE ☐

VOCÊ ESTÁ FAZENDO

☐ ANOS

Parte integrante da coleção **Eu gosto m@is** – Educação Infantil – Natureza e Sociedade – volume 2 – IBEP.

CARNAVAL

O CARNAVAL É UMA FESTA DIVERTIDA. AS PESSOAS GOSTAM DE SE VESTIR COM FANTASIAS E DANÇAR.

PINTE E ENFEITE A MÁSCARA COMO QUISER. DEPOIS, RECORTE-A E COLE-A NUM PALITO DE SORVETE. DIVIRTA-SE!

ALMANAQUE

PÁSCOA

A PÁSCOA É UMA FESTA RELIGIOSA. ALGUNS POVOS TÊM COMO SÍMBOLOS DA PÁSCOA O COELHO E O OVO.

1. PINTE E ENFEITE AS ORELHAS DO COELHINHO DA PÁSCOA E AS TIRAS DE PAPEL COMO QUISER.

2. RECORTE AS ORELHAS E AS TIRAS.

3. COLE UMA TIRA À OUTRA PELA PONTA.

4. COLE AS ORELHAS NA TIRA.

5. FECHE A OUTRA PONTA DA TIRA NO TAMANHO DA SUA CABEÇA.

ALMANAQUE

Parte integrante da coleção **Eu gosto m@is** – Educação Infantil – Natureza e Sociedade – volume 2 – IBEP.

PÁSCOA

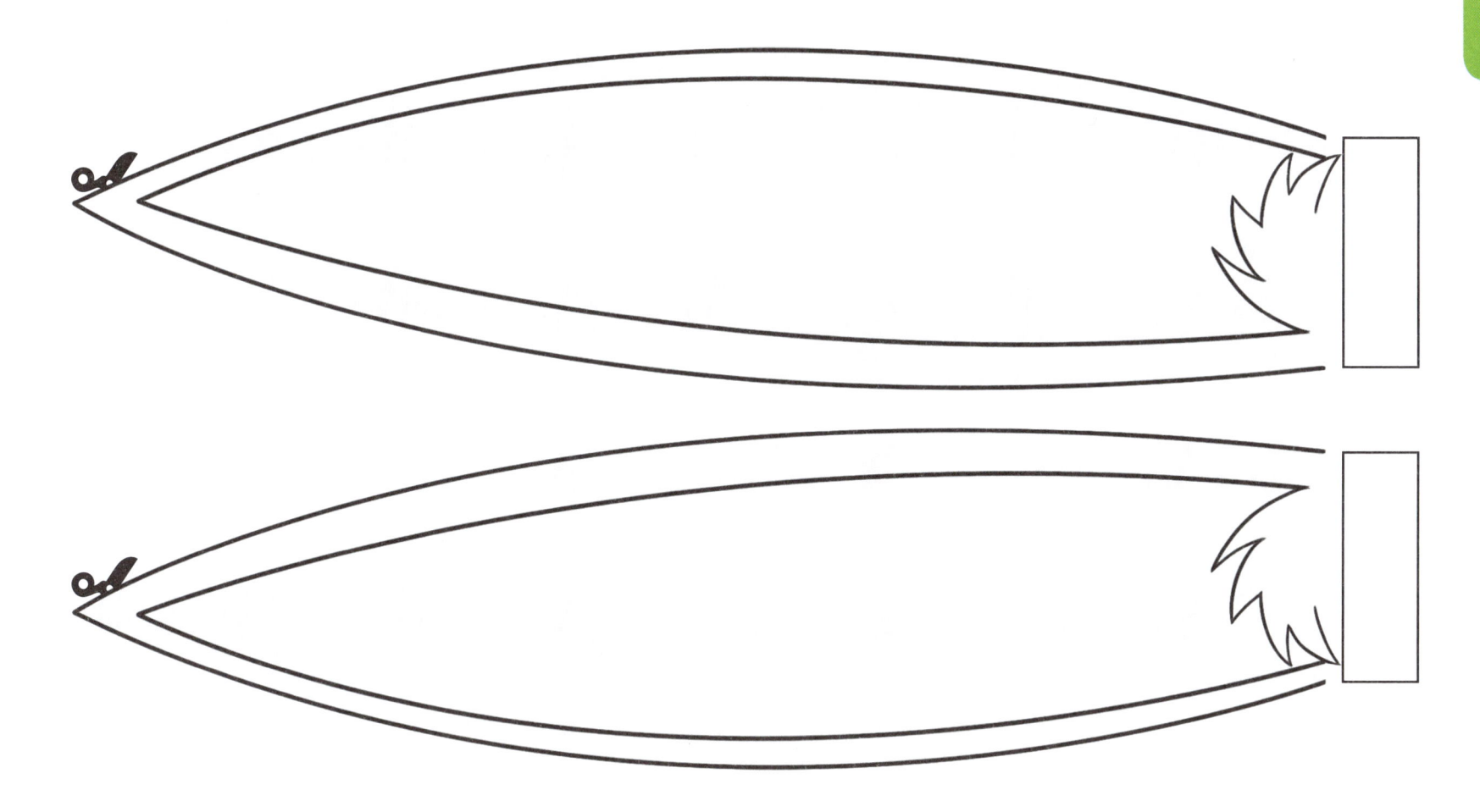

ALMANAQUE

109

Parte integrante da coleção **Eu gosto m@is** – Educação Infantil – Natureza e Sociedade – volume 2 – IBEP.

DIA NACIONAL DO LIVRO INFANTIL - 18 DE ABRIL

COMEMORAMOS O DIA NACIONAL DO LIVRO INFANTIL NO DIA DE NASCIMENTO DO GRANDE ESCRITOR BRASILEIRO MONTEIRO LOBATO.
UMA DE SUAS OBRAS MAIS CONHECIDAS É *O SÍTIO DO PICAPAU AMARELO*.
OBSERVE E PINTE ALGUNS DE SEUS PERSONAGENS.
VOCÊ SABE O NOME DE CADA UM DELES?

NARIZINHO    PEDRINHO    EMÍLIA    VISCONDE DE SABUGOSA

Parte integrante da coleção **Eu gosto m@is** – Educação Infantil – Natureza e Sociedade – volume 2 – IBEP.

DIA DO ÍNDIO – 19 DE ABRIL

HÁ MUITAS CONTRIBUIÇÕES DOS INDÍGENAS À CULTURA BRASILEIRA. DESCUBRA ALGUMAS DELAS: RETIRE DA PÁGINA 134 OS ADESIVOS DAS IMAGENS DA CULTURA INDÍGENA E COLE-AS ABAIXO.

ALMANAQUE

TATU
JIBOIA CHOCALHO
MANDIOCA TUCANO

DIA DAS MÃES

COLE LANTEJOULAS NOS PONTINHOS INDICADOS NO CORAÇÃO.
DESENHE VOCÊ E SUA MÃE OU COLE UMA FOTO NO CENTRO DO CORAÇÃO.

EU SOU PEQUENINO(A),
DO TAMANHO DE UM BOTÃO,
CARREGO PAPAI NO BOLSO
E MAMÃE NO CORAÇÃO.

DOMÍNIO PÚBLICO.

ALMANAQUE

Parte integrante da coleção **Eu gosto m@is** – Educação Infantil – Natureza e Sociedade – volume 2 – IBEP.

FESTAS JUNINAS

A FESTA JUNINA É UMA MANIFESTAÇÃO CULTURAL. AS PESSOAS VESTEM TRAJES TÍPICOS, BRINCAM E DANÇAM, COM MUITA MÚSICA.
CANTE COM A PROFESSORA E OS COLEGAS. DEPOIS, PINTE A CENA.

VAMOS CANTAR?

CAPELINHA DE MELÃO

CAPELINHA DE MELÃO
É DE SÃO JOÃO,
É DE CRAVO, É DE ROSA,
É DE MANJERICÃO.
SÃO JOÃO ESTÁ DORMINDO,
NÃO ME OUVE, NÃO,
ACORDAI, ACORDAI,
ACORDAI, JOÃO.

DOMÍNIO PÚBLICO.

DIA DOS PAIS

RECORTE DE JORNAIS OU REVISTAS A FIGURA DE UM PRESENTE QUE VOCÊ GOSTARIA DE DAR PARA SEU PAI. COLE-A NA CAIXA.

MEU QUERIDO PAPAIZINHO,
VAMOS HOJE FESTEJAR!
ACEITE UM PRESENTE COM CARINHO
QUE AGORA VOU LHE DAR!

AS AUTORAS.

DIA DA CRIANÇA – 12 DE OUTUBRO

APROVEITE PARA COMEMORAR SEU DIA BRINCANDO COM SEUS COLEGAS DE "PIRULITO QUE BATE, BATE". DEPOIS, PINTE O PIRULITO E COLE BARBANTE NO TRACEJADO.

PIRULITO QUE BATE, BATE

PIRULITO QUE BATE, BATE
PIRULITO QUE JÁ BATEU
QUEM GOSTA DE MIM É ELA
QUEM GOSTA DELA SOU EU.

DOMÍNIO PÚBLICO.

DIA DO PROFESSOR – 15 DE OUTUBRO

MONTE UM CARTÃO PARA A PROFESSORA. FAÇA UM DESENHO NO VERSO.

PROFESSORA,

NUNCA SE ESQUEÇA DE MIM.

_____

DIA DA BANDEIRA – 19 DE NOVEMBRO

A BANDEIRA É UM SÍMBOLO DO BRASIL. COMPLETE A CENA COLANDO O ADESIVO DA BANDEIRA DO BRASIL QUE ESTÁ NA PÁGINA 134.

FESTAS DE FIM DE ANO

CHEGARAM AS FESTAS DE FIM DE ANO! ÉPOCA DE CONFRATERNIZAR, COM AMOR E ALEGRIA. FAÇA DESENHOS OU COLE FIGURAS QUE REPRESENTEM O FINAL DO ANO.

ALMANAQUE

LIÇÃO 16

ADESIVOS

ANDREI KUZMIK/SHUTTERSTOCK
ALINA ROSANOVA/SHUTTERSTOCK 
OLESYA KUZNETSOVA/SHUTTERSTOCK  
IRIN-K/SHUTTERSTOCK 
XIAORUI/SHUTTERSTOCK 
BENNYARTIST/SHUTTERSTOCK 

Parte integrante da coleção **Eu gosto m@is** – Educação Infantil – Natureza e Sociedade – volume 2 – IBEP.

LIÇÃO 46

METAL PLÁSTICO PAPEL VIDRO

LIÇÃO 59

LIÇÃO 60

ADESIVOS

131

Parte integrante da coleção **Eu gosto m@is** – Educação Infantil – Natureza e Sociedade – volume 2 – IBEP.

LIÇÃO 64

LIÇÃO 65

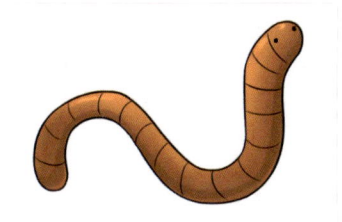

ADESIVOS

132

Parte integrante da coleção **Eu gosto m@is** – Educação Infantil – Natureza e Sociedade – volume 2 – IBEP.

LIÇÃO 67

LIÇÃO 74

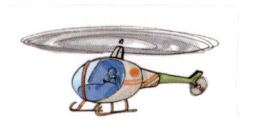

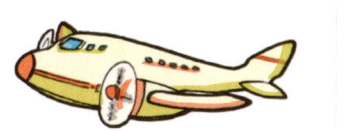

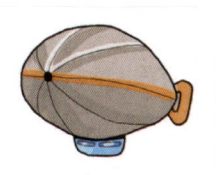

LIÇÃO 76

Parte integrante da coleção **Eu gosto m@is** – Educação Infantil – Natureza e Sociedade – volume 2 – IBEP.

DIA DO ÍNDIO

DIA DA BANDEIRA

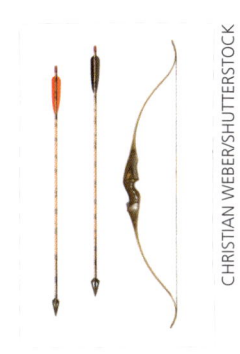

ADESIVOS

Parte integrante da coleção **Eu gosto m@is** – Educação Infantil – Natureza e Sociedade – volume 2 – IBEP.